公開霊言シリーズ

日蓮聖人「戦争と平和」を語る

集団的自衛権と日本の未来

大川隆法
RYUHO OKAWA

まえがき

最近は様々な宗教団体の政治運動が盛んである。特に二〇一一年三月十一日の東日本大震災をきっかけとして、宗教団体が反原発運動を主導したり、左翼マスコミと新宗連《しんしゅうれん》が一体化して、反自民（反公明・創価学会）で民主党政権を支えたりした。安倍自民党が政権を奪回してからは、反原発、反集団的自衛権、反憲法九条改正運動も強くなってきた。気になる点は、反集団的自衛権に関しては、創価学会と対立してきた日蓮宗系他団体も共闘しはじめたことだ。「平和勢力」という言葉に、宗教団体は特別に弱いようである。

本書のポイントは、日蓮聖人の「戦争と平和」に関する御見解を、現在ただ今の状況下で再確認することである。本書が日蓮宗系諸団体をはじめ、他の仏教団体、神道団体、キリスト教団体への天上界の意向の公開になると信じている。「積極的平和」が、神意《しんい》・仏意《ぶつい》なのだ。

二〇一四年　五月三十日

幸福《こうふく》の科学《かがく》グループ創始者兼総裁《そうししゃけんそうさい》　大川隆法《おおかわりゅうほう》

日蓮聖人「戦争と平和」を語る　目次

日蓮聖人「戦争と平和」を語る

――集団的自衛権と日本の未来――

二〇一四年五月三十日　霊示
東京都・幸福の科学総合本部にて

「霊言現象《れいげん》」とは、あの世の霊存在の言葉を語り下ろす現象のことをいう。これは高度な悟《さと》りを開いた者に特有のものであり、「霊媒現象《れいばい》」（トランス状態になって意識を失い、霊が一方的にしゃべる現象）とは異なる。

なお、「霊言」は、あくまでも霊人の意見であり、幸福の科学グループとしての見解と矛盾《むじゅん》する内容を含《ふく》む場合がある点、付記しておきたい。

日蓮聖人「戦争と平和」を語る

――集団的自衛権と日本の未来――

二〇一四年五月三十日　霊示

東京都・幸福の科学総合本部にて

日蓮《にちれん》（一二二二～一二八二）

鎌倉時代の僧。日蓮宗の宗祖。安房国小湊《あわのくにこみなと》（現在の千葉県鴨川市）に生まれる。十二歳で清澄寺に登り、十六歳で出家する。その後、比叡山で学び、帰郷して日蓮宗を立宗。「法華経至上主義」を掲げて激しい他宗排撃を展開するとともに、内乱外寇《ないらんがいこう》による亡国を予言、『立正安国論《りっしょうあんこくろん》』を幕府に提出したが受け入れられず、幕府や他の宗派から迫害を受けた。如来の霊格を持ち、幸福の科学の初期から支援霊を務めている。『太陽の法』（幸福の科学出版刊）参照。

質問者

綾織次郎《あやおりじろう》（幸福の科学上級理事 兼《けん》「ザ・リバティ」編集長）

加藤文康《かとうぶんこう》（幸福実現党幹事長）

立木秀学《ついきしゅうがく》（幸福の科学理事 兼 ＨＳ政経塾塾長）

［質問順。役職は収録時点のもの］

1　日蓮聖人の「現在の考え」を訊く

幸福の科学の初期から三十三年間、指導霊だった日蓮聖人

大川隆法　日蓮聖人という方については、幸福の科学内部の人はよくご存じだと思いますけれども、教団発足前、私の最初の霊的覚醒のころから指導霊、支援霊をしておられた方であり、特に一年目は、ほぼ毎日のように来て、霊言、霊示を降ろしてくださっていました。

当時は、まだ、私がこの世的な仕事（総合商社勤務）をしていた関係もあり、「この世」にそうとう引っ張られる面が多かったため、何とか、霊的世界観のなかに考え方を置くように導いてくださっていたわけです。

やはり、毎日、霊が降りてきて〝つつかないと〟、すぐこの世の会社的な頭のほうに変わっていくので、そこを引っ張っていくために、毎日毎日、霊言等の霊指導を降ろされていたようなところがあり、非常に関係の深い方ではあります。

したがって、当会初期の五、六年あたりは、日蓮聖人の影響がそうとう強く出ていると思います。

現在は、数多くのさまざまな指導霊も出ていますので、当時とはかなり変わってきていますし、分野も多岐にわたっているため、必ずしも日蓮聖人の宗教色が強いとは言えません。ただ、発足当時からずっといらっしゃるので、今はたまにしか来ないものの、見てはおられるのでしょう。

最近では、民主党政権下において、「現代の立正安国論」についてお説きくださったこともありました（『日蓮が語る現代の「立正安国論」』〔幸福の科学出版刊〕として発刊）。

ただ、その後、政権も替わり、環境もだいぶ変わっているので、今はどうだろうかと考えている次第です。

一九八一年、今から三十三年と少し前ぐらい、すでに三十四年目に入りましたけれども、日蓮聖人が初めて降りたときに、向こうは何も言わなかったものの、私の勘として、「これは、いずれ政治運動に参入することになるのかな」ということを、すでに直感的には感じていました。

ただ、当時は、私もまだ霊的格闘をしている段階であり、教団もなく、信者も一人もいないし、本も出ていない状況でしたので、単に、「もしかしたら、将来、私は政治活動にかかわるようになるのかな」というように思っただけではあったのですが、勘としては、おそらくそうなのではないかと感じたわけです。

日蓮聖人が出てきた時期は、ちょうど、創価学会と日蓮正宗の大石寺《たいせきじ》との戦いが始まり、池田大作氏が「お詫び登山」（一九七八年）などをしていたころではないかと思います。そのように争っていた時期だったので、「何か関係はあるだろう」という感じを持ってはいました。

しかし、その後、日蓮聖人は私に対して政治的な話をあまりせず、主として宗教的・霊的な指導をされることのほうが多かったので、まずは私を宗教人として目覚めさせることが使命だったのではないかと思います。

その意味で、いわゆる「守護霊」ではありませんけれども、最初は、手取り足取り、いろいろなことについて、今から考えれば、実につまらないと思うようなことまで、細かく答えてくださいました。

例えば、電車に乗っているとき、「目の前に座っている人には何か悪霊が憑《つ》いているのではないだろうか」といったことを訊くと、「○○が何体憑いている」などと、細かいところまで答えが返ってきたり（笑）、会社の人の霊的な状況などについても、いちいち答えてくれるような感じで、親切に細かいところまで指導してくださっていました。

「集団的自衛権」に対する宗教各派の考え方

大川隆法　さて、今の政治状況に関していうと、安倍自民党が「積極的平和主義」を唱え、かなり独特な独自外交を展開しています。

ちょうど今、「集団的自衛権」の問題が山場を迎えており、この先には、「憲法九条改正」も待っていると思われますが、このあたりでけっこう〝バリケード〟を築いて戦っているような感じには見えます。

創価学会が反対しているということで、公明党の動きは極めて悪く、連立政権としては、なかなか進みが悪い状況です。

また、集団的自衛権への反対に関しては、創価学会の敵であった、日蓮宗のなかの他宗も、この点に関しては意見が一致しており、創価学会と一緒にやっていこうという感じで応援しています。

さらに、キリスト教会や、ほかの仏教諸宗派等も、平和運動的なかたちで、戦争ができる体制に持っていかれるのを阻止しようとして動いているように見えます。

こうした動きが、日本の宗教界としては、どちらかというとメジャーなのではないでしょうか。

そのようななかで、〝変わり者〟は、いつも幸福の科学です。よほど、へそが曲がっているのか、世を驚かせたいのか分かりませんが、いつも反対ばかりを主張しているように見えているだろうと思います。

今朝（二〇一四年五月三十日）の産経新聞には、「ザ・リバティ」の広告が載っており、「プーチンの正義」というタイトルがバンッと出ていました。私は、最初見たときに、当会の雑誌だとは分からなかったぐらいです（会場笑）。男性誌か何かの、厚い月刊雑誌のような広告だったので、「あれ、どこの雑誌なんだろう」と思ってよく見たら、当会の雑誌であり、少し驚きました。

おそらく、「そうとう変わっている」と言われていることでしょう。「世間が右と言えば左、左と言えば右、東と言えば西、西と言えば東」という感じの団体に見えるのだろうなあとは思っています。

ただ、それはしかたがありません。宗教的真理というものは、歴史的に見ても、そういうことがわりに多いのです。九十九人が「反対」と言っているときに、一人だけ違うことを言うのは、預言者によくあるパターンでもありますので、しかたがないとは思っています。

日蓮聖人は現在の「日本の国防」をどう見ているか

大川隆法　特に、日蓮聖人の場合、当会との関係も、三十三年以上の歴史がありますので、今、どのように考えているかをお訊きすることは、大事なことでしょう。

　また、創価学会は、憲法改正にも本当は反対なのでしょうが、「憲法改正があって、初めて集団的自衛権の行使容認の解釈も出てくるのだ」というような考え方を主張しているわけです。こういう考えや、それに同調する他の日蓮宗の動き、あるいは仏教界の動き、さらにはキリスト教会その他の宗教の動きもありますが、そういうものについて、「日蓮聖人はどのように思っているのか」ということも気になっています。

　ただ、古い宗教家ですので、現代的な細かいことをいちいちお答えになるような立場にあるかどうかは分かりません。細かいことを訊かれても、もしかしたら、大雑把な枠組みでしかお答えにならない可能性もあります。

さらに、今日の趣旨から見て、創価学会や、日蓮宗、諸宗等にもメッセージを出さなくてはいけない面もあるかとは思いますので、当会の考え方、あるいは当会の他の指導霊の考え方や、私が述べてきたことと矛盾する内容が出ることもありえるとは思います。

ただ、意見の統一というよりも、「日蓮聖人はどう考えているのか」ということを知りたい気持ちが強くあるのです。

したがって、できるだけ私自身の主観は抑えることにします。また、当会や、当会が母体としてできた幸福実現党がどのようなことを主張してきたかということは、いちおう念頭には置いておくけれども、それにとらわれることなく、日蓮聖人のほうに〝言論の自由〟を認めたいと思います（笑）。そして、本当に創価学会や日蓮諸宗を指導しているのかどうか。あるいは、考えが一致しているのかどうか。このあたりを突き止めたい気持ちもあります。

ご生前というか、鎌倉時代の日蓮聖人であれば、けっこう「国防」とか、「外敵による日本占領の危機」とかについて、そうとう激しく訴えていたはずなのですが、日蓮宗の流れを引く現在の者たちは、考え方がどうも違うようにも思えるので、このあたりのことをどう考えているのか、訊いてみたいと思います。

そういう意味で、私のほうとしては、やや心を空《むな》しゅうして、日蓮聖人の考えをお伝えしようと思います。そのほうが、ある意味でインパクトは大きいのではないでしょうか。

まあ、ＨＳ政経塾（政治家・企業家を輩出するための社会人教育機関）や「ザ・リバティ」、幸福実現党の意見と違っても構わないので、本当に考えておられることはどういうことなのか、お伝え申し上げたいと思います。

日蓮聖人を招霊し、「戦争と平和」について見解を訊く

大川隆法　では、今日は、「日蓮聖人『戦争と平和』を語る」という

テーマで、かなり間口を広げておきましたので、いろいろなことについて話してもらいたいと思います。

あまり細かいことだけであれば、もしかしたら、議論にならない可能性があります。いろいろなことについて、哲学的、あるいは宗教的な、大きく基本的なことになるかもしれませんし、もしかしたら、細かいことも言われるかもしれませんが、お訊き申し上げたいと思います。

それでは、幸福の科学の当初よりの指導霊であり、われわれを常に見守ってくださっている日蓮聖人を、幸福の科学総合本部にお招きし、現在の政治状況において、どのようなお考えを持っておられるのか、当会の幹部たちの質問に答えるかたちで、ご自分の見解を示してくだされば幸いかと思います。

日蓮聖人よ。どうか、幸福の科学総合本部に降りたまいて、われらに霊的指導をなしたまえ。

日蓮聖人よ。どうか、幸福の科学総合本部に降りたまいて、われらを指導したまえ。

ありがとうございます。

（約十秒間の沈黙）

2　日本を取り巻く世界情勢をどう見るか

「今の危機」は三十年以上前から予見していた

日蓮　（手を一回叩く）うん。うん。

綾織　おはようございます。本日は、貴重な機会を頂きまして、まことにありがとうございます。

日蓮　うーん……。

綾織　まず、世界情勢的なところからお伺いします。

日本人の多くは、今の状況について、「まだ、平和の段階にある」と思っているのでしょうが、ただ、戦後、あるいは近代において、軍隊と海上保安庁のところが別れてきただけであって、実際には、「国と国とのぶつかり合い」というものが起きているかと思います。

今日は、「戦争と平和」がテーマですので、「日蓮様は、今の状況、特に東アジアや南シナ海周辺の事態を、どのようにご覧になっているのか」というところから、お伺いしたいと思います。

日蓮　三十数年前から、霊的な指導を始めておりますが、将来の「日本の危機」を救う目的で始めたところもあります。

今、いろいろな時期に、危機的な状況が起きていると思いますけども、これは、もう、三十年以上前から予見していたことであるのです。それまでに、幸福の科学が一定の規模になり、発言力を持つような団体になるように考えて、一九八一年からスタートしておりますので、私としては、「教団が一定の政治的な勢力を持って、宗教的真理を踏まえた政治的発言をしてくれる」ということは、望んでいたことであり、「望んでいる方向に向かっている」というふうには考えております。

ですから、戦争を禁じた現行憲法下で、日本国民は平和による安逸《あんいつ》を貪《むさぼ》って、享楽《きょうらく》に酔いしれ、バブルに酔いしれ、その後、経済的停滞に陥って方向を失い、また、世界各国で新興勢力が台頭をしてくるなかで、現在、そのパワーバランスのなかから、置き去りにされようとしつつある状況にあると思うんですね。

まあ、そのなかで、近年、あなたがたは一貫して、「国防の大切さ」を説いてきましたけれども、正直言って、幸福実現党を旗揚げした五年前ぐらいでありましたら、世間の常識とは、かなりずれていた部分はあっただろうと思うし、民主党政権下においては、まったく、正反対のほうに舵切りはされたのではないかと思います。

要するに、「仲良くさえすれば、近隣とうまくいくのだから、そんな防衛とかに力を入れる必要なんか、まったくないんだ。そういうことを言うから、敵を呼び込むんだ」というような考え方が主流だったと思うし、そういう考え方は、自民党のなかにおいても、「村山談話」とか、「河野談話」等に象徴されるような思想として流れていますし、自民党のなかの「リベラル勢力」といわれるものにも近い考え方かと思います。

八百年前、「時の政権」に国の危機を言い続けた日蓮聖人

日蓮　ただ、残念ながら、現実は、そうした政治家の考えとは別に……、まあ、彼らの考え方は、ある意味で、「現代、考えられている宗教的な信条」に近い政治的な考え方なのかもしれないけれども……。

私は、鎌倉時代に、時の政権に対して、「正しい宗教が取り上げられ、国教化していかなければ、いろいろな災難が日本を見舞うであろう。内憂外患《ないゆうがいかん》が両方とも起きますよ。中では反乱、外からは外国の軍勢。そして、飢饉とか疫病とか、いろいろなものが流行りますよ。そ

れは、すべて、正しい宗教が国の中心にないから起きることですよ」というようなことを強く申し上げたんです。

私は、八百年も前に、そういうことを言い続けて、まあ、迫害も受けましたが、最終的には、「言っていることが当たっていた」ということで、罪を許されたかたちにはなりました。

しかし、私は、現在あるような、大きな日蓮宗の教団を率いているような立場ではなかったし、私の生涯そのものは、うらぶれた予言者のようなかたちで最期を迎えることになったし、当時、弟子も、数十名程度しかいないぐらいのものだったんですね。

それが、今、すごく大きな、最大勢力に近い仏教勢力になっているとは思います。

日蓮宗各派は「日蓮の考え方を受け継いでいない」

日蓮　ただ、大きくはなったものの、必ずしも、本来の私の考え方を受け継いでいるとは言えないところがあると思うんですよね。

「日蓮宗が国教化し、国の中心的な宗教になることによって、平和が来る」という考え方に基づいて、「国において勢力を取る」ということのほうにエネルギーを向けていった結果、むしろ、現在あるところのマスコミの見解や、学者の見解、世論など、まあ、そういう政治のいろいろなものに迎合していくかたちで勢力を伸ばすというふうに、変質していっているのではないかなと思われます。

要するに、「宗教的な信念を通すというよりは、自分たちの票を伸ばすために、世論に迎合し、マスコミに迎合し、いろいろなものに協調しすぎていて、日蓮宗の本来の姿とは違うのではないか。今、そこにある危機さえ、実は、目に鱗《うろこ》がかかっていて見えていないのではないか」というのが、私の感じるところですね。

だから、今、あなたがご質問なさった、「アジア周辺をめぐる情勢」を客観的に見れば、そういう政治的、宗教的な信条を抜きにして、客観的に観測者として見ても、やはり、「危険な状況が来ている」というふうに思うんですね。

そのなかにおいて、日蓮宗を名乗る者、あるいは、その流れを引くと称する者が、その危機に対して反応しないで、むしろ、戦前の日蓮主義は国家主義的な侵略戦争につながったかのような言い方を反省する立場で、「平和主義」を唱えているという感じではあるけれども、やはり、教学として、日蓮の教えを学んでいる者とは言えないと感じます。

3 「憲法九条」を日蓮聖人はどう見るか

憲法九条は「日蓮主義に反する」

綾織 「日蓮宗系の団体が、日蓮様が唱えた信仰をなくしてしまっている」ということだと思うのですが、戦後においては、ある種の宗教的な考え方として、憲法九条に対する考え方があります。

これについては、すでに〝信仰〟として立ってしまっている状態であると思うのですが、これを、本当に乗り越えていくためには、つまり、憲法九条を変えて、本当に、日本が、国を守れるようになったり、アジアに対して責任を負うことができるようになったりするためには、どのようにしていけばよいのでしょうか。

日蓮　だから、「正しい信仰を取り戻す」ことが大事です。
要するに、信仰を捨てているんですよ、現実はね。

綾織　ええ。

日蓮　信仰を捨てて、その教団の維持、あるいは、発展のほうが目的になっている。

その意味では、今、バチカンを中心とするキリスト教団が、イエスの教えを本当に奉じているのかどうか疑わしいのとまったく同じで、勢力として生き残るために、現在もさまざまな政治的駆け引きのなかで生き延びているように見えなくはないところがございますね。

だから、「日蓮主義により、日本が帝国的侵略を行ったことを懺悔《ざんげ》して反省するのが正しい態度であり、それによって、憲法九条で手錠をかけられるようなかたちになり、もう何もできない。悪いことをした罪人であるからして、日本は、もう何もできないんだ」という感じで縛るというのは、本当は、日蓮主義には非常に反することです。

やはり、根本としては、国の危機を予言し、それに対する警告をしていくところから日蓮宗は始まっているのであって、それは、「仏陀の基本的な考え方というものを大切にしなければいけないんだ」という情熱から始まっているわけですね。

まあ、その主なる経典が『法華経』ではありますけれども、『法華経』の解釈も、戦後はそうとう変わったものになってきました。

『法華経』にはいろんな側面がございますけれども、『法華経』の内容を、ある意味では、非常に民主主義的に捉えられる面もあり、「全員が仏様になれる」みたいな、すべての人が仏になれるような考え方が非常に強く出ているので、ここを捉えて、「平等主義的な民主主義運動というふうに解釈していけば、宗教と政治が合一して、戦後の時流に乗ることができる」という方向に、各宗とも舵を切っていったのではないかと思います。

4 「仏教は戦争に反対すべき」という主張は正しいか

宗教に見る、「殺すなかれ」という教えの背景

綾織　先ほど、お釈迦様のお話もありましたが、仏教では「殺すなかれ」という教えがあります。ここから考えたときに、「お釈迦様は戦争を否定したのではないか。だから、仏教としては戦争に反対すべきであり、戦争は悪である。したがって、幸福の科学のようなところは、

正統の仏教的な考え方をとっていない」という見方も、一般的にはあります。

これについて、私たちとしては、どのように理解し、説得していけばよいのかということを、お教えいただければと思います。

日蓮　まあ、もちろん、「殺すなかれ」という教えは、仏教だけでなくて、ほかの宗教にも多数見られる考えでありますが、これは、自然犯として、一般的に、殺人を勧めようとする宗教があるわけはありませんのでね。殺人教団が宗教になってはいけませんから、一般的には、どこにもある教えだと思いますし、いまだに生きている教えだとは思います。

社会が平和であるから、それはまだ生きているわけですけども、ただ、それは、何と言いますか、もうちょっと狭い社会を意識していたというか、自分たちの生活領域等のところで平和的に暮らすことを念頭に置いた宗教が多かったであろうとは思うんですね。

ですから、「国対国の戦い」が起きるような状況においては、必ずしも、神仏の教えがそうなっていたわけではないでしょう。

例えば、ユダヤの教え等でも、「万軍の主ヤハウェ」とかが出てきますけれども、イスラエル、「ユダヤの国」というのは、他国から攻められて滅ぼされる危機がいつもあったので、やっぱり、神そのものに、天上界における戦争指揮官のような面があったと思うんですね。

だから、国が滅びる危機になったら、ちゃんと言葉を言っています。

まあ、そういう場合ではないレベルの、同じ国のなかで、みんなが平和共存していくなかにおいての「殺すなかれ」っていう教えは、もちろん有効だと思うんですが、国が滅びるような状況においては、やっぱり、大きな問題が出てきますね。


お釈迦様自身も、もちろん「殺すなかれ」の教えを説きましたが、結果、釈迦教団は成り立ったものの、カピラヴァストゥを中心にした釈迦国、インド十六国の一つであるコーサラ国の属国と化していた釈迦国が滅ぼされてしまったことに対する悲しみというのは、晩年、生きていた間に起きました。「釈迦晩年に一族が皆殺しに遭《あ》う」ということになっています。

その「殺すなかれ」の教えが災いしたわけです。もちろん、跡継ぎがいなかったことも大きかったんですけれども、非常に凄惨な事態というか、皆殺しに近い状況を起こしたことに対しては、強い後悔の思いを持っておられたのではないかと思います。

釈尊は「侵略的戦争」を止めていた

日蓮　これに対して、「釈迦国を攻めようとしているコーサラ国の王様に対して、三度、その戦《いくさ》を諫《いさ》めた」ということがありますね。「仏の顔も三度まで」といいますが、「お釈迦様が木の下に座っているのを見て、コーサラ国の軍隊が、『ああ、そういえば、あの釈迦国っていうのは、お釈迦様の生まれた国なんだな。ここは、やっぱり、攻めちゃいけないんだな』と言って、三度引き返した」と言われていますね。

それで、「四度目に来たときには、とうとう、お釈迦様の姿が見えなかったので、『ああ、もういいんだな』ということで滅ぼした」ということになっております。

これは、釈迦の考えとして、まあ、仏の教えといいましたが、「仏の戦争抑止も三度までで、四度目についてはしなかった」ということになっています。それについては、「やはり、因果の理法であり、釈迦国のなかにも、戦争の原因になることがあったからだ」ということを言っていますね。

そのとき、ヴィドゥーダバ王が攻めてきたわけですが、これは、コーサラ国の王子だったわけです。

子供時代に、釈迦国へ留学に来ていて、そのとき初めて、自分の出生の秘密を知った。どういう秘密かというと、（釈迦国は）コーサラ国の王様に「お妃を差し出すように」と言われて、出すんだけども、このときに、釈迦国の王様が騙《だま》して、本当の王妃ではなく奴婢《ぬひ》ですね、いわゆる下僕として使っていた女性に産ませた娘を〝姫〟として、コーサラ国にやったわけです。それで、向こうには知らされていなかった。

ただ、（王子が）釈迦国に留学してみたら、釈迦国の人は、みんな、その事実を知っていた。だから、「奴隷の子だ。奴隷の子だ」と、さんざんにからかわれて、その悔しさから、向こうは攻め滅ぼしたい気持ちを起こしているということですね。

これは、「釈迦国にも、その原因があった」ということです。そういう、「相手を欺《あざむ》いて、怒らせる原因をつくった」ということも考慮に入れて、「三度までは戦争を止めたけども、四度目は止めなかった」

ということが言われておりますね。

だから、そういう「カルマの刈り取り」の部分があったことを認めてはおります。

しかし、「釈迦が侵略的戦争については止めた」ということは明らかにありますね。

釈尊は「善を推し進め、悪を押しとどめる」ことを説いた

日蓮　あとは、コーサラ国とマガダ国という巨大な二大強国の両方にまたがって、釈迦教団がございましたので、戦争してもらうと本当は

困る状況にはあったわけです。コーサラ国もマガダ国も、実は婚姻《こんいん》等を通して、姻戚《いんせき》関係にはあって、お互いに血縁があるのにもかかわらず戦争を繰り返していたので、それについては、（釈迦は）政治顧問としても、よく相談に乗るようなことはあったかと思っております。

それで、あの阿闍世《あじゃせ》王の時代になったときに、阿闍世王が、「攻め滅ぼしてもいいか」という政治相談をしてきたときに、ちょっと遠回しな言い方ではあるけれども、「あなたが攻めようとしている国は、こういうことを守っているか」というようなことを幾つか挙げていきました。要するに、現代的に見れば、民主主義的な徳治主義が行われているかどうかの点検でしたね。

これも、お釈迦様に対し、遣わした大臣に訊かせているわけだけれども、「これが守られているうちは、そういう国は滅びないであろう」という予言風の言い方をしています。

だから、「正しい政治が行われている国は攻めてはならない」ということを言ったと思えるわけですね。「戦争していいかどうか」というときに、その国が正しく治められているか。その国民が、徳治主義的な民主主義で、みんな、幸福に暮らしているかどうか。礼節を守ったり、宗教心があったりするかどうか。そういう点検があって、「そういう正しい国に対しては攻めてはならない」ということを明言しているわけですね。

だから、もちろん戦争にもルールがあって、「間違った国を攻めてはいけない」と言っているわけではなく、「正しく民が治められているような国を襲うということは、悪いことだ」という言い方をしているわけです。

このへんから見ると、釈迦の考えも、やはり、国の政治がどうであるかっていうことを非常に大事にしているわけで、「正しい政治が行われている国を、他の国が攻めたり、あるいは、邪悪なる国が攻めることは悪いことである」ということを知っていたというふうなことは感じられますね。

まあ、仏教は平和主義が多かったのは事実ではあるけれども、アヒンサー（不殺生《ふせっしょう》）の思想そのものは、仏教そのものに由来するというよりも、仏教以前のジャイナ教や、その他のインドの古代の宗教からも流れていっています。

ただ、この流れのほかに、インドにも戦の神様はたくさんいるので、こちらを含んだ流れもあります。実際、日本神道的な意味合いも持った、ヒンズー教というインドの国教になった宗教があり、古来のインドの経典においては、そうした戦をする神様も出てきます。

そういうものも認めた多神教的な宗教のほうが主流になって、仏教のほうが消えていったのです。

まあ、要するに、「国が守れない」ということだと思うんですね、そういう考え方でもってはね。

だから、「止悪《しあく》の教え」「善を推し進め、悪を押しとどめる」ということを、（釈尊は）はっきり言っているんですけれども、この「善を推し進め、悪を押しとどめる」ということが政治的にはどういうことなのかということを、もう少し明確なかたちでお説きになってくださっておれば、分かりがよかったのかと思うんです。

ただ、遺っている仏典、経典だけでは、その部分が十分には分かり切らなかったですね。

鎌倉時代に「神仏の国・日本を守れ」と説いた日蓮聖人

日蓮　これを、日蓮が、もう一段具体化して、「やっぱり善を推し進め、悪を押しとどめることも大事なんだ」ということを、具体的な事例に基づいて鎌倉時代に言ったわけです。

つまり、「蒙古の日本侵略ということは許してはならない！　この国は神の国である。また、仏の国である。神の国にして、仏の国である。日蓮が出て、今、『法華経』を中心にして仏陀の教えを広めておるし、また、天照大神《あまてらすおおみかみ》を中心とした神の国として、長らく続いた国である。二千年続いた国であるのだ」ということです。

だから、「こういう神国であり仏国である日本を攻め滅ぼすということは、たいへんな罪である。許してはならない」ということで、鎌倉幕府に諫言《かんげん》もいたしましたし、天照大神の側は神風《かみかぜ》をお吹かしになったんだと思われますね。こうした歴史を踏まえなくてはならない。

まあ、戦争による敗戦っていうのがあったのかもしれませんが、何か日本が悪の国であるかのようなイメージが出て、「ユダヤ人が滅ぼされるのはしかたがないんだ」というのに似たような感じになっている。

しかし、古来の日本の伝統的な考え方から見れば、占領軍の考え方のほうが、まるでナチスのように感じられるところがあるのです。「神様の国、仏様の国」として長らく続いてきた日本が、そういう悪魔の国であるかのように踏みにじられる。

ただ、「そういうことを受け入れるということは、やっぱり、この国民には、残念ながら本当の意味においての信仰心や、正しい考え方が成り立っていないのではないか」。そういうことを、やはり、私は言いたいなと思っていますね。

5 「集団的自衛権」をどう見るか

なぜ「仏陀再誕」が日本の地で行われたか

加藤　本日は、「戦争と平和を語る」ということで、貴重なご教示を賜り、本当にありがとうございます。

先ほど日蓮聖人がおっしゃったように、現在のわが国は、本当に危機的な状況下にあります。

また、こうしたことは、日蓮聖人が幸福の科学をご指導いただきました一九八〇年代当初より、聖人は予見されていた事態でもあります。ただ、私ども幸福実現党も、まだまだ力不足な点はございますが、この国難を何とか乗り切ろうということで、国防強化を、立党以来一貫して訴えてきたところであります。

日蓮　うん。

加藤　やや遅きに失した感もございますが、ようやくと申しますか、現在、集団的自衛権の行使の問題などにつきましても、政府もそれなりに踏み込んだ方向性を出しまして、本日は、五月三十日ですが、ここ数日、国会で集団的自衛権に関する集中的な審議等が行われております。

やはり、国の存亡をかけた大切な論点でありますし、私たちも、「ぜひともこれを推し進めなければいけない」と考えております。

しかし、一方で、左翼陣営と申しますか、一部マスコミ等では、「近づく 戦争できる国」（二〇一四年五月十六日付「朝日新聞」）といった見出しが躍ったりですとか、また先ほどのお話にもございましたが、宗教団体などからも、「とにかく戦争をするのはいけないことで、この集団的自衛権の動きも、戦争に近づいていく動きなのだ」というような発信が非常に強くなされている状況です。

日蓮　うーん。

加藤　このような状況につきまして、日蓮聖人はどのようにご覧になっていますでしょうか。ぜひ、お教えいただければと存じます。

日蓮　まあ、それは、あなたがたの存在理由そのものにかかわってくると思うんですね。「なぜ、仏陀再誕が日本の地において行われたか」ということを考えなければいけません。

「日本で仏陀再誕が行われた」ということは何を意味するかということですが、これはもう、この事実自体が、「この国を滅ぼすわけにはいかない」という強い神意・仏意が表れていると考えるべきです。

つまり、「仏陀再誕の教えを広げる」ということは、「この国を守らなければならない」ということです。

これを守らなければ、この新しい教えを世に伝えることができないし、世界に伝えることもできませんから、「国を守る」ということと、「国の繁栄をつくっていく」ということ、この二つは極めて大事なことだと思いますね。

ですから、全部が全部とは言えないかもしれませんが、私を中心にして、まあ、ほかの指導霊もたぶんそうだと思いますけれども、やはり、「この日本という国が発展・繁栄し、一定の経済的発言力から政治的発言力を持つことにより、やがて、独立・自立することを知り、きちんと（過去の）軛《くびき》を切って、一定の見識を世界に発信するような国になってほしい」という願いを持っているわけですね。

むしろ、「（日本は）先の敗戦でもう終わったんだ」ということで、何らかの神仏の応援もない状態に放置されたなら、あなたがたはユダヤの民みたいに、千九百年も世界を彷徨《さまよ》うような民族になっていても、おかしくはなかったわけです。

しかし、今、いち早く「仏陀再誕」を告げて、新しい宗教を立ち上げたり、世界にそれを広げようとしているということは、（神仏が）そういうふうにする意志はないということだと思うんですね。

だから、「二千年、三千年と続いて、仏教と神道が双方共存して発展してきたこの国の歴史は、世界に誇るべきものがあるのであって、それが、悪魔に支配された唯物論・無神論の国などに滅ぼされてはならないんだ」という強い意志を、私たちは持っているわけです。そのようにはならないということですね。「ここを守らなくして、どこを守るのか」ということですね。

地上の力比べだけで「正義」を決めるのは安易な歴史観

日蓮　国が滅びた場合、基本的には、その国に参集している神々の霊界もなくなります。

先の大戦ではかなりの被害が出て、もちろん、高天原《たかまがはら》の一部も損傷したと言われておりますけれども、今は、再建運動もだいぶ進んできているわけですね。

だから、「この世的な地上の力比べだけで、正義はどこにあったかを決めるのは、あまりにも安易な歴史観にしかすぎない」ということです。

イスラエルにおいても、「万軍の主」とか「創造主」とか言われるような神様がついているというのに、しょっちゅう負けていて、それでも信仰を手放さない」という、その意味では、意外と非常に信仰深い民ができたのではあろうと思います。

まあ、それに引き換えても、まだ一回ぐらいの敗戦で、信仰を全部手放すというのであれば、「この日本民族の信仰深い歴史は偽物だったのか」という疑いが非常に強いですね。

しかし、戦後の呪縛が、今、解けようとしているところではありますので、やはり、唯物論・無神論の国に完全にやられてしまってはならないと思います。

ですから、安保闘争のときにも、そうした中国の軍門に降《くだ》ろうとする人たちは数多く出て、政権を引っ繰り返そうとしていたときに、踏みとどまったんだと思いますが、今も、安倍政権下で、そうした勢力に国が乗っ取られるのを踏みとどまって、押し返そうとしていること自体は、私は正しいことだと思いますね。

だから、細かい具体的な法律論等について、詳しいわけではないので、個別のポイントについては、十分な説明が私にできるかどうかは分かりませんが、基本的な方向はそれでよろしいと考えています。

日蓮聖人は創価学会を「指導していない」

綾織　明確に、創価学会、あるいは、公明党は、もう指導されていなくて、特に、集団的自衛権の問題では、彼らの結論に明確に反対をされているということでよろしいでしょうか。

日蓮　だから、もう、彼らには、何の霊指導も起きていませんから。

この世の人間が考えるように考えているだけなので、会社だと思ってよいのではないでしょうか。会社の人間が話し合って決めている、

〝株式会社 創価学会〟だと考えてよろしいと思います。

日本と中国のどちらが「ASEAN《アセアン》の盟主」か問われている

加藤　与党の一角を占める公明党も、この集団的自衛権の問題、また、その先にある憲法九条改正の問題に関しましては、平和を標榜《ひょうぼう》する政党ということで、反対しております。

それで、公明党だけではなくして、他の日蓮宗系の宗教団体を含め、いや、それだけではなく、先ほども話がございましたが、キリスト教系も含めて、各宗教団体なども、この点に関しましては、「こぞって」

という言葉が適切かどうかは分からないのですけれども、かなり反対する方向で、結集するような動きもありますが、このあたりについては、今、どのようにご覧になっていますでしょうか。

日蓮　それは、「日本が侵略的国家だ」と認めるかどうかの、国家観の問題があると思うんですね。

ですから、先の大戦のときも、「大東亜共栄圏」でもございましたが、戦後はずっと一貫して否定されてきておりますけども、今のASEAN《アセアン》（東南アジア諸国連合）でしょうかね。このASEANの繁栄の盟主になろうとしていたということだと思うんですね。

それで、今は中国が、このＡＳＥＡＮの盟主になろうとして、運動を活発化させているわけですね。

だから、結局、「日本が、ＡＳＥＡＮ、アジア、オセアニア地域等のリーダーになるのと、中国がリーダーになるのと、どっちがよろしいか」というテーマが、歴史的、時間的には、ずれましたけれども、出ているわけですね。

「植民地化の流れ」を止めたのは日本だった

日蓮　まあ、「日本は、今の中国のような暴政・圧政をやったり、侵略しても、それを全部合理化していくような国であったかどうか」ということであれば、必ずしも、そうとは言えなかったというのが、私たちの見解であるし、明治維新以降、ヨーロッパ列強のアジアの植民地化の流れがずっと続いていたけれども、「植民地化の流れを止めたのは日本である」ということは確かですね。

それで、日本がつくった植民地も、一部ありますけれども、それが本当に、暴政・圧政、あるいは、スターリン下のソ連や、あるいは、毛沢東以下の中国の暴政の下《もと》と、同じような状態であったかどうかという吟味が一つあると思うんですが、いちおう、「法」と「秩序」は守りながら、やっていたんではないかと思われます。

もちろん、戦闘シーンが起きる場合においては、この世的に見れば、確かに、悲惨な部分はあるかと思いますが、これは、歴史的に、もう避けえない部分があってね。

神仏の目から見れば、戦争にも「善悪」はある

日蓮　だから、「戦争というのは、とにかく善なる戦争も悪なる戦争もなくて、完全に、戦争そのものが悪なんだ。平和そのものが善なんだ」という感じ方、考え方は、非常に単純な正義論ではありますし、政治学者、国際政治学者等のなかにも、そういうふうに言う方はいら

っしゃいますが、本当に歴史をよく勉強した人であったら、その考えが間違いであることは分かるはずなんですね。

その意味で、仏陀の教えにもあるように、やっぱり、「悪が行われ、広がるということは、よいことではなく、善が広がるということがよいことなんだ」と。

要するに、仏の思想、まあ、神の思想と言い換えてもいいけども、その「神仏の理想や思想が広がるようなものはいいことであるが、逆に、悪魔の思想が、この世にはびこるということは、よろしくないことで、押しとどめなくてはいけないんだ」というのが基本的な考え方です。「戦争に善悪なし」っていうのは間違いで、「善悪はあるんだ。

神仏の応援を、ご加護を受けているかいないかなんだ」ということですね。

リンカンやケネディも「正義の戦い」を辞さなかった

日蓮　だから、戦争指導者のなかにも、神仏のご加護を受けている者もあります。

例えば、よく引き合いに出されますが、リンカンのような方だって戦争はしたわけです。アメリカでいちばん代表的な大統領ではあるけれども、南北戦争という、アメリカではかつてない内戦をやっています。明治維新とは違うけれども、内戦をやって、アメリカの当時の人口のおそらく数パーセントに当たる人が死んでいるはずですね。こうした戦争指揮官でもあったリンカンが、神仏に愛されていたという事実があります。

また、戦争には賛成と反対の、両方の面を持っていたケネディであっても、「ソ連との核戦争も辞さない」という覚悟でキューバ危機を乗り切りました。ソ連がキューバにミサイル基地を築いたときに、若きケネディは海上封鎖を行い、「それを撤去しなければ核戦争も辞さない」という対決姿勢で臨んだことによって、ソ連はその施設を撤去したのです。

まあ、その後、冷戦状態が続いて、最後にはレーガン時代に勝利を収めるわけですけど、それがアメリカの正義を守ったところはあったと思うんですね。

だから、「戦わなければ正義だ」という考えは、気をつけないと、理念がなければ「奴隷の正義」になる。要するに、「戦わなければ正義だ。相手の支配のままに任せる」っていうのならば、どうなるか。

例えば、最近、アメリカでもよく言われてるようですけども、黒人奴隷ですね。「戦わない」というだけであれば奴隷の状態がずっと続く。また、古代のイスラエルでは、エジプトの奴隷として働いていた時代があるし、バビロン捕囚で奴隷になった時代もありますけど、

「それが正義だ」ということを認めるのと変わらない思想にもなりますわね。

だから、もし、自分たちの側に神仏のご加護があると思うなら、やっぱりそれを信じて行動すべきです。

「自分たちの領土だ」と言えばそうなるという無法を許すな

日蓮　今、あなたがたが霊査しているとおり、共産主義圏においては、百パーセントとは言わないけれども、その指導者の大部分のなかには悪なるものが多く、地獄のサタン（悪魔）と化している者が数多い。

そういう者が、今、十億人単位の国民を率いており、さらに、外国をその傘下におさめていこうとしているならば、やっぱりこれを抑止するというのは非常に大事なことだと、私は思いますね。

だから、単なる平和が続けばいいわけではない。

まあ、戦争と戦争の間に平和は続きますし、その間、人々は幸福感を味わうことはできますけども、「悪魔の支配下において、奴隷状態において、牢屋のなかの平和を維持するというようなことが正しいことではないんだ」ということを知ったほうがいい。

もし、それでいいのであれば、私も土牢に入れられたり、島流しに遭ったり、首を斬られようとしたり、いろいろ迫害に遭っておりますけれども、そういうこととの戦いだって、悪ということにもなるでしょうね。

とにかく、「強い者には刃向かうな。長いものには巻かれろ」ということで、「中国が大きくなったら、中国の言うことをただただ聞いたらいい」というだけであれば、やっぱりおかしい。

実際に、言論的に彼らが外交で言っていることは、まったく無反省で一方的な自分たちの利己主義的な意見を押しつけて、押し通そうとしていますね。やっぱり、これに対して、宗教を信ずる者が何も分からないというのは情けない状況です。

「彼らが、『自分たちの領土だ』と言えば、彼らの領土になる」という、こんな無法が通っていいものでしょうか。

「尖閣は自分たちの領土だ」と言えば、自分たちの領土になる。沖縄も、「自分たちの核心的利益だ」と言えば、自分たちの領土になる。フィリピンの一部もそうだし、ベトナムもそうで、やがてあの辺は、「昔、中国が支配していたので、全部中国のものだ」と言うかもしれませんね。

まあ、そういうことで、「自分たちが言えば、そうなる」っていうようなことが許されるかどうかという問題です。やっぱり、異を唱えなければならないのではないでしょうか。

6　中国の「覇権主義」をどう見るか

「帝国主義的侵略」と「自衛的戦争」は意味が違う

立木　四年ぶりに、直々にご指導賜りますことを、心より感謝申し上げます。ありがとうございます（注。日蓮聖人は二〇一〇年七月二十二日にも霊言を収録している。『日蓮の政治霊言』〔幸福実現党研修資料・非売品〕参照）。

今、戦争の問題で、「戦争に善悪はないのだ」という考え方の誤りをご指摘いただきました。しかし、「不戦の平和主義」を主張される、宗教的な考えをする人のなかには、往々にして、「特に、中東の宗教等は、戦争と一体化しているところがあるために、争いが争いを生み、絶えることのない戦乱が続くのだ。やはり、それを何とかしなければいけないのではないか。だから、自分は殺さない」という考え方を述べる人もいるように思います。

また、仏教においても、そういうかたちで解釈されることが多かったと思いますし、経典を見ても、「殺さない」ということが非常に強調されています。日蓮聖人のご生前のお考えにしても、国防そのものというよりは、「『法華経』に対する帰依を進めることで、この国難を乗り切ろう」という議論を展開されていたと思います。

そこを乗り越えていくにはどうしたらいいのでしょうか。「争いが争いを生んで、絶えることない、戦争が続く。だから、国防そのものもよくないのではないか」というような考え方をする方に対して、何かお言葉を賜れればと思います。

日蓮　まあ、仏教そのものも、特に、『法華経』を中心とする、中国の天台宗、まあ天台智顗《ちぎ》の時代ですね。隋《ずい》・唐《とう》の初期ぐらいの時代の中国は、確かに、世界の中心でもあったかもしれないし、仏教文化も花開いた時代の中国ではあったけれども、チンギス・ハーンからフビライ・ハーンの時代の中国はどうかというと、やはり、仏教は形骸化していて、かつて入唐求法《にっとうぐほう》したような時代の中国ではなかった。もはや、そういう仏の国ではなくなっていたように思いますね。

だからこそ、「この日本の国において、仏国土をつくらねばならん」という気持ちを、私は強く持っていたわけです。

まあ、「天台智顗が中国にお生まれになったから、中国とは戦えない」というふうな考えだって、もちろん、つくることは可能であったかと思いますけども、現実は、そうとう厳しい「侵略主義的帝国主義」だったと思いますね。

だから、基本的には、やはり、明らかに「帝国主義的な侵略」と、「防衛的・自衛的な戦争」とは意味が違うと思いますね。

中国の侵略を止められなければ「天罰」が起きる

日蓮　もちろん、形式的に、「戦後、決まった枠組みを一切いじってはならん」というような考えについて、「それを維持することだけが正義で、ちょっとでもいじったら、それは悪だ」というような考えを、必ずしも是としているわけではありません。そのときの民意や、世界の世論など、いろんなものを入れた上での判断をしなければいけないとは思います。

ただ、私は、今の中国は、日本から学ぶべきものがたくさんあるだろうと思うんです。

経済的には「にわか膨《ぶく》れ」しておりますけども、「大きくなったから、われわれの言うことをきけ」というのは、やや本末転倒なのではないかと思うし、彼らには「感謝の念」がまったくありませんのでね。

「戦後の日本は、彼らに対して謝罪も補償もしなかった」というような言い方をよくしておるけれども、戦後の日本は中国に対して数多くの金銭的な寄与をして、彼らの発展・復興のために力を尽くしたし、産業を興すために、日本の企業もそうとう彼らに協力してきたわけです。

そういうところを一切無視して、「自分たち独自の力で大国になったから、弱小国を蹴散らすことが許されたんだ」みたいな感じを持っているなら、これは、やはり、何らかの〝天罰〟が起きるはずです。

天罰が起きるか、人為的に善悪をはっきりさせるか。まあ、どちらかで、あなたがたが地上的な戦いにおいて、その善悪を明確にすることができないで、ただただ、「『強いものが強い』が平和であるし、正義であるのだ」という考えに巻き込まれていくなら、われわれは、われわれの力によって、天変地異を起こすことになります。どちらが幸福か、よくお考えください。

あなたがたが地上的に解決する場合、もちろん敗れた者は指導陣が責任を問われるということになると思いますけれども、天変地異の場合は、もはや個別の人間の善悪を判定することがほぼ不可能になるので、最終的な〝荒療治〟になります。

ただ、天変地異の場合は、善人も悪人もいらっしゃるだろうけれども、すべてに対して被害が及ぶことになりますので、「そこまでさせる前の段階で、もうちょっと世界の秩序を正していただきたい」というのが私の気持ちです。

立木　中国に天変地異は起こってくると考えてよろしいですか？

日蓮　そうです。中国だけではなく、ほかのところにも起こってくるかもしれません。

「フビライ・ハーン」は中国に転生《てんしょう》しているか

立木　その中国に関しまして、先ほど、日蓮聖人がご在世中のころのことをおっしゃいましたけれども、先日、フビライ・ハーンの霊言を収録させていただきましたところ（『フビライ・ハーンの霊言』〔幸福の科学出版刊〕参照）、今、地上に生まれているかのようなことを言っていました。このへんの真実に関しましては、どのようにご覧になっていますでしょうか。

日蓮　うーん……、まあ、いるんじゃないでしょうか。たぶんいると思う。

立木　もうすでに生まれている……。そうですか。

日蓮　次の準備をしているんじゃないでしょうか。

ですから、「現在の政権で一時的に過ぎ越せば終わりだと思っているなら間違いですよ。その次には、もっと恐ろしいものが出てくる可能性もありますよ」ということです。

だから、今、日本が自衛を強め、アジアを守るために、安倍政権が動きを見せていますけれども、この方向は正しい方向だということです。

それから、アメリカの「撤退主義」も止めなければいけないと思いますね。

立木　具体名としては、共産党の第六世代の胡春華《こしゅんか》という人だと推測されているのですが、そこまでは……。

日蓮　まあ、そこまで、私が言っていいかどうかは分からないので言えませんが。習近平の次に選ばれれば、その人がそうでしょうね。

立木　はい、ありがとうございます。

7　日本がアジアに果たすべき「責任」とは

アジアの国々は日本に助けを求めている

綾織　「安倍政権の方向性は正しい」ということですが、日本の責任範囲に関してお訊きします。

今、ベトナムやフィリピンは、もちろんアメリカに頼るという方法もありますが、「日本に軍事的な部分でも助けてほしい」という声が強く出てきています。

一方で、インド洋のほうにも中国軍が出てきているため、インドの側からも「日本と連携したい」という声が出ています。

こういう状態のなかで、日本がどこまでアジアの安全について責任を負っていくべきなのでしょうか。

日蓮　まあ、インドは百五十年もイギリスに植民地化されて、独立運動を何度も起こそうとしては潰されてきて、日本の力でやっと独立できました。

今、十二億人もの国民を持つに至って、もうすぐ中国と逆転するだろうとも言われております。

ですから、日本とタイアップすることによって、十分な仏教文化圏というべきか、仏教的繁栄をつくる可能性が極めて高いですね。

また、インドやフィリピンは、アメリカが日本に負けるところまで見ていますし、アジアの諸国も、特にヨーロッパの軍隊が、日本軍によってアジアから一掃されたところを見ています。

シンガポールもそうです。マレーシアもそうだし、インドネシアもそうです。インドネシアがなぜオランダに支配されなきゃいけないのか、今から考えてみたら、意味不明ですよね。

だから、マレーシア、シンガポール、ビルマ、その他、いろいろなところでありましたが、日本軍によって、わずか数カ月で解放されているわけです。アジアの国では、「五百年続いた、そうした欧米の植民地化の流れを日本が止めた」っていうことを、彼らはよく知っている。

こうした歴史観については、日本の教科書や、日本の論壇、ジャーナリズムでは十分には説かれていないと思うんですが、事実は事実ですよ。

ですから、今、彼らが日本にも応援を求めてきているっていうのは、私にはよく分かります。

日本がアジア諸国の危機を見逃すなら、「アジアのリーダーとして失格」

日蓮　日本は、フィリピンに巡視船を十隻ほど供与するということになっていると思うし、ベトナムも「巡視船を回してほしい」と安倍政権に言ってきている。まあ、ちょっと急いでつくらなきゃいけないのに、急にはつくれないということだけど、日本の巡視船を配備することによって、要するに、それは、日米の連携が背後にある限り、日本と戦うかたちになるんです。

彼らは、自分たちの国を守ろうとしているので、これは踏みつぶされる弱小国が、自衛のために考えつく策として、当然の策を考えているわけですね。

ところが、今、平和主義の論者たちは、「こうした弱小国が踏みつぶされても、そんなことはしかたのないことで、日本一国さえ安泰であればいい」と。中国から、「おまえらは保護下に置いてやるから、こちらの自由を見過ごせ」というふうな感じで言われて、たぶんそう見せると思うんですね。

だから、「日米安保があるから、そちら（日本）をあとにする。こちら（フィリピン、ベトナム等）は関係ないところだから、攻め取っても構わないだろう」ということで、もしこれを見逃す日本であれば、おそらく日本は「アジアのリーダーとして、失格」ということになると思う。

「植民地解放」を掲げて戦った日本の「偉大な功績」

日蓮　実は、先の「大東亜共栄圏」の構想のなかには、そうした「植民地解放」という理念が入っていた。

戦争の局部的な面を見れば、悲惨な部分とかがいろいろあったかもしれないけれども、大局的に見れば、自分もそうとうな痛みを背負いながら、その目的を果たしえたわけで、国民に三百万人の尊い犠牲を出しながらも、「植民地主義を世界から駆逐した」ということの功績は、そうとう偉大なものです。

小さなものは、まだ一部ありますけれども、アフリカの国までは独立できたので、みんな日本への感謝でいっぱいですよ。トルコなんかもそうだし、それから、北欧の国々もそうだろうし、アジアの他の国もそうだろうと思うんですね。感謝がいっぱいだと思います。

まあ、今後の世界関係を、どのようにつくっていくかは、別の問題としてあります。「イスラム 対 キリスト教文化圏の戦い」も、今後あるのだろうとは思いますけれども、やっぱり「日本によき調停者として立ち上がってほしい」という気持ちはあるだろうと思うんですね。

そういう意味で、国力をつけ、世界の平和と安定のための秩序を形成するため、一定の力をつけるのは大事なことだと思うし、幸福の科学が存在するということは、もう、「世界の羅針盤が日本にできている」ということだと思いますね。

だから、「戦いそのものは全部悪なんだ」ということで、「自分たちのほうは戦わないけど相手は幾らでも戦っていい」っていう条件であれば、これはもうスポーツだって成り立たない状況ですね。例えば、ボクシングで、「相手は幾ら殴ってもよろしい。こちらは一回も殴ってはならない」っていうルールでは、さすがにちょっと試合にならない状態でありますね。

8　「集団的自衛権」でアジアの平和を守れ

安倍政権が「踏み込み」を強めた理由

加藤　中国の軍事的な拡張に対しまして、先ほど、「国家観」というお話もございましたが、わが国がアジアのリーダーとしての自覚をしっかりと高め、国防力を強化していく方向で、今、時間との戦いをやっている感じがしてなりません。

日蓮　うん。

加藤　ただ、集団的自衛権の話に戻って恐縮なのですが、政府も、「全面的な行使容認」というよりは、具体的な細かな事例を挙げての「限定容認」、「必要最小限度の行使容認」というスタンスです。

このような方向性自体は正しいと思うのですが、こうした遅々たる歩みで本当に危機的状況を凌《しの》げたり、間に合ったりするのでしょうか。それとも、まだまだ遅くて、もっと急がなければいけないという状況なのでしょうか。

日蓮　まあ、やらないよりはましだと思いますよ。

やらないよりはましだし、停滞よりは前進になっていると思います。もちろん、本来は、憲法改正まで踏み込まなければいけないとは思うんですけれども、その前哨戦をやっているわけで、この抵抗がそうとう強い。

先の原発問題の、反原発運動からこちらですねえ、平和主義と称する左翼の力が、ものすごく抵抗しているわけですね。だから、まあ、これは押し切ろうとしているんだと思う。

ただ、安倍首相も、「自分たちが乗っている日本の船が襲われた場合」とか、そんなような、日本人の被害が及ぶことばかりを最初は例として挙げていたけれども、そこから、だんだん、日本人だけではなくて、「アジアの他の国が被害を受けた場合にも集団的自衛権が及ぶ」ような解釈を、つい最近は述べ始めていると思うんですが。

私たちのほうから見るかぎり、まあ、あなたがたの教えの「『自由の革命』とか、『愛が時代を動かす』とかのなかで説かれた総裁の見解が、〝GO《ゴー》〟を与えた。神仏の考えで、これが構わないということであれば、『アジアの国も守れ』という声なんだ」と捉えて、今、いっそうの踏み込みに入っているところだと思います（『自由の革命』〔幸福の科学出版刊〕参照）。

そういう意味での論戦は、激しさを増しているとは思いますけどね。

「預言者」はアメリカではなく日本に出ている

立木　集団的自衛権に対して、今、行使容認を反対する側からの論調としては、「これをやってしまうと、要するに、日本がアメリカの言いなりになって、もう戦いたくもない戦争に付き合わされるのではないか」というような言い方をする人もいるのですけれども、こういう人たちに対しては、どのようにお考えになりますでしょうか。

日蓮　まあ、少なくとも、アメリカは完全な国だとは思っておりませんですけれども、この「アメリカの繁栄」は、やはり、神のかなりのご加護を受けていることは、まだ事実であります。

ですから、「アメリカの繁栄」が、神のご加護のもとにある間は、基本的には、その協力をしていってよいわけです。

アメリカも戦争はしていますけれども、その戦争を、どういう目的でやっているかということで、「自分たちの戦争に大義がなかったのではないか」と思う部分については、国民的な反省が働くような国家ではあるわけです。

ベトナム戦争や、あるいは、先のイラク戦争等について、本当に大義があったかどうかについては、国民的に、今、議論もされて、反省もされて、もちろん、これが、オバマ政権の軍事的撤退の流れにも影響しているとは思うんです。まあ、そうしたことを、いちおう議論し、反省できる土壌はまだある国家であり、そういう意味での民主主義国家ではあるわけで、そういうことを考えないような国家とは、ちょっと違うとは思うんですね。

だから、戦争があっても、やっぱり、「世界の警察官」としてのアメリカの意味は、ある程度は、あったとは思っております。

ただ、「日本を倒して、中国やソ連のほうを、戦後、膨張させたことがよかったかどうか」ということについての歴史的反省はまだできていないと思うので、今、中国との貿易量も増え、向こうが大国化し、対等になろうとしてきているところに対して、（アメリカは）戸惑いを見せている状況だと思います。

これは、もう一段の価値判断がアメリカに足りていないからです。つまり、アメリカのなかに「預言者」が現れていないということが問題で、日本の側に出てきているということですね。

「北朝鮮制裁解除」発言の背景にある幸福の科学の「霊言」

日蓮　まあ、それでも、効果は出ていると思います。今、幸福の科学を中心に発信されている言論は、アメリカやロシア、中国、韓国、それから、イスラム圏、他のアジアの国々、いろいろなところに、その情報が広がっておりますし、ウオッチされておりますので、一つの考え方として取り入れられていると思うんですね。

　昨日は、北朝鮮の拉致被害者の解放の問題が大きく取り上げられて、「それなら、制裁の一部を解除する」というような話を（日本政府は）早速していますね。

　これは、アメリカも驚くような部分であって、「制裁解除を約束するのが早すぎる」という考えもあったけれども、これなんかも、あなたがたの、李登輝の守護霊の霊言（『日本よ、国家たれ！　元台湾

総統　李登輝守護霊　魂のメッセージ』〔幸福の科学出版刊〕参照）かなんかで、「韓国に対しては、ある意味では、北朝鮮と挟み撃ちにして、そのあと、北朝鮮を片付ければよい」みたいなことを李登輝（守護霊）が言っていたと思いますが、この内容がそうとう影響しているように、私には感じられますね。

韓国が言うことをきかないで、独自の動きをしておりますので、これを牽制するのに、非常に兵法的な考え方かと思いますが、北朝鮮への予想外の接近を見せる。フェイントだとは思いますが、北朝鮮が息を吹き返すことができる可能性は出るので、そうすると、韓国の側は、「一撃で倒されるかもしれない」と恐怖が増大するわけです。すると、

「日本との関係を改善しなきゃいけない」という圧力が、国民の声として出てくるんですよね。

それを非常に老獪《ろうかい》に考えていると思いますが、ヒントはあなたがたの本から出ていると思われます。

立木　その北朝鮮に関しては、また別の霊言のなかで、「日本が自衛権を発動して、その政権を倒してしまえ」というような教えも頂いているのですけれども……。

日蓮　ああ、それは、そうなるだろうと思いますよ。ただ、「その途中を、どういうふうにやっていくか」ということです。戦略の問題でしょうからね。

韓国が日本の側に完全についていて、応援している状態だったら、それができますが、「韓国が敵対して、中国と組む」みたいな状態のなかでは、できないですわねえ。

9　幸福の科学大学設立の「歴史的意義」

戦後失われた「宗教教育」を取り戻すために

綾織　教育のこともお伺いしたいと思っているわけですが、最初のところで、「『正しい宗教が中心にない』ということが問題なのだ」というお話がありました。

日蓮　うん。

綾織　教育においても、そういうところが非常に強いと思います。私たちとしても、今、新しく大学の設立をすることを進めておりまして、宗教としての教育事業や、大学を建てることの意味について、改めてお伺いできればと思うのですが、いかがでしょうか。

日蓮　まあ、宗教ならば、「信仰」ということになるけど、学問ならば、「教育」というスタイルになるわけで、アプローチの仕方が違ってくることになりますわね。

まあ、戦前は、宗教教育もきちんとなされてはいたわけだけども、戦後は、その宗教教育も否定してきた流れではあるわけですね。

だから、この体制をもう一回持ち直すためには、やっぱり、宗教教育ができるチャンスを増やしていかねばならない。

「宗教教育をやっているのは、ほとんどキリスト教ばかり」という状態に近くて、仏教のほうは、むしろ〝信仰をなくした宗教教育〟みたいなものが、戦後、流行っているわけです。

まあ、これは戦後民主主義からあと、「天皇制国家主義の間違い」みたいなものから、この信仰心をなくした仏教学者、宗教学者たちが、「骨抜きになった文献学」としてのみ、宗教学を維持しようとした流れだと思うんですね。

ただ、憲法で「信教の自由」自体は認めているために、雨後の筍《たけのこ》のように、新宗教がたくさん起きてきているわけだけども、全般的に評判の悪いものが多くて、「宗教はそんなにいいものではない」みたいな風潮によって、歯止めがずっとかかっていた。

その歯止めのなかを、今、押し破って出てこようとしているわけですので、それは歴史的な必然だと思いますね。

あなたがたは今、マスコミの啓蒙にも入っているわけですから、マスコミが啓蒙できるなら、次は教育のところも啓蒙手段として使っていくのは、当然のことですね。それで、結果的に素晴らしいものを出していけば、宗教に対する尊敬は高まってくるでしょう。

だから、戦前の教育について、「教育勅語《ちょくご》即悪」みたいなことを朝日新聞を中心として言っているようではあるけれども、戦前の教育のなかにも、明治天皇、皇后両陛下の和歌や御教《みおし》えを中心にしてつくられた宗教的な教育があり、道徳的にも実に立派な内容を含んでおって、「恥じるものは何もない」というふうに思っていますけどね。

まあ、あなたがたが、「もう一段、学問的で現代的な教えとマッチさせた新しいかたちで教育をつくり、実践して広げていく。あるいは、メソッドのようなものをきちんと広げていく」ということをやれば、他の大学にも影響が及ぶ。

だから今、キリスト教系の大学だけが、非常に隆盛を極め、キリスト教的価値観が、自然に流れ出してきているところはあるんだけども、そのキリスト教的価値観は、日本においては、「戦前、キリスト教が弾圧された」とかいう意識ですね。

日蓮宗も、「弾圧を受けた」という部分がありますし、特に、「反戦的なものは、弾圧を受けた」というものが、戦後、全部、息を吹き返してきているわけだけれども、やっぱり、もう一段、違った「宗教をバックボーンにした教育」というものがなされてもいいんじゃないかと思う。

まあ、今、ご苦労なされているとは思うんですけれども、基本的に、趣旨が理解されたら、現在の政権の流れが続くかぎり、あなたがたの教育目的は、応援される方向で達成されていくと私は感じています。これを成功させなかったら、いろいろと国の体制としても強くはなっていかないので、必ず応援する側に流れはできてくるというふうに思っています。

今、マスコミや野党らの攻撃材料として、その〝的《まと》〟が増えるかどうかというところを臆病に考えている政治家がいるとは思うけれども、本心では「応援したい」と考えていると思うので、これは、やはり、指導者としての力量の問題かと思いますね。

創価学会系の大学は「中国の橋頭堡《きょうとうほ》」になっている

綾織　これは、お伺いしてよいことなのかどうか迷うのですが、創価学会系としては創価大学というものがあります。この文脈で、「幸福の科学も、幸福の科学大学をつくるんだろう」と思われるわけですけれども、実際の内容としては、かなり違うところがあります。

この点については、日蓮様からご覧になって、どのように思われますでしょうか。

日蓮　少なくとも、あちらには天上界からの霊指導がなされていませんので、天上界以外からの霊指導については、私は何ともコメントできません。

綾織　ああ、そうですね。

日蓮　それは、まあ、あまり恥をかかせてもいけないので黙っておきますが、いちおう私は、日蓮宗系の人をみな、つかんでいるつもりではあるので、少なくとも、天上界からの指導は特になされてはおりませんし、（日蓮宗が）迫害した他の仏教系教団が特に応援しているようにも見えません。

ただ、はっきり分かることは、この大学に中国からの「洗脳の魔手」が入っていること。これだけは、はっきりと分かります。創価大学が、中国の〝橋頭堡《きょうとうほ》〟になっているということですね。だから、中国の〝橋頭堡〟になって、そこに留学したり、（学生を）交換したり、代表に名誉博士号を出してもらったりして、まあ、懐柔《かいじゅう》を一生懸命やって、日本における足場として使っていることは、もう間違いない。

安倍政権的な流れが続くのであれば、これは、本当を言えば、対抗上、それとは違う宗教大学があったほうがいいんじゃないかと思いますね。

日本はベトナム、フィリピンを守るべき

綾織　逆に言うと、幸福の科学大学に中国人の留学もありうると思いますけれども……。

日蓮　いいと思いますよ。かつて、仏教が中国から日本に入ったように、今、幸福の科学の教えが、向こうに逆輸入されて広がることは望ましいことで、こちらとしては、中国のなかに教えを流したいのでね。

それから、中国の自治区では反乱をいっぱい起こしていると思いますが、まあ、習近平的には、アメリカの「九・一一」のまねをして、「テロリストとの戦いだ」と言っている。しかし、侵略しているのは自分たちであるので、まあ、「テロリスト」という言い方をしているけれども、ちょっと面映《おもは》ゆい言い方ではあります。それは、独立をしたい人たちの運動ですのでね。

ただ、やはり、その双方から真理を流し込んでいくことが大事だと思う。（幸福の科学は）まあ、イスラム教に対しても一定の理解を示していますので。

今、アジアのベトナムやフィリピンが、日本に助けを求めてきています。おそらく、（中国に）侵略される恐れが極めて高く、基本的には、戦争をしたら負ける恐れが強いですから、日本に助けを求めてきているのです。「日米が合同して助けに入ってきた場合には、国を守れる」というのが基本的な考えでしょう。

アメリカは距離があるし、「予算がどうのこうの」とか言っていて、基本路線は、軍事予算を削減し、軍隊も引き揚げに入っていますので、次もまた民主党政権が続くようなことであれば、（ベトナムやフィリピンが）国を取られてしまう恐れは十分にあります。

オバマさんの次も民主党政権がアメリカで続くのであれば、フィリピンもベトナムも「中国の自治区」になっている可能性はあると思います。

ですから、やはり、「日米合同して守ってやる」という立場をつくるべきで、「日本国民を移送するときに、集団的自衛権を発動する」というような、そんなエゴイスティックな発言をしていたりするのでは、たぶん、国際的には許されないことになると思います。

また、「日本の第二次大戦に罪あり」と言う人たちがいたとしても、彼らを助けることによって、これがある意味で、〝贖罪《しょくざい》の部分〟にも当たるのではないかと思います。

10　アメリカが第二次大戦に参戦した理由

ソ連のスパイが「対日参戦」を策謀した

立木　少し歴史的な話になるのですが、先ほどから、日蓮聖人は、第二次大戦の正当性、意義というものをお説きくださっているわけです。確かに、当時の日本における日蓮宗系の動きとしては、ある意味での国家主義的に戦争を推進した側の動きと、今の創価学会の源流のところで非常に弾圧を受けたという部分があります。
その当時、天上界で日蓮聖人は日本の戦争に対して、何か、かかわったり、指導されたりしたのか、このへんについて、もし可能でしたら、明かしていただければありがたいと思います。

日蓮　まあ、私たちの基本的な考えと、日本神道の主流系団の考え方は、基本的に変わってない。それは、今の霊的な分析によれば、エル・カンターレ系の考え方の流れのなかに全部入っているということですね。
だから、アメリカが第二次大戦を始めたときに、意外にアメリカのなかに共産党のスパイがそうとう入っていた。米国政権内に入っていて、先のイラク戦争のときの諜報戦と一緒ですけども、いろんな間違った情報を握らされて、日本を攻めるほうに駆り立てられた部分はあります。そうとうな謀略が、やっぱりあったと思われるので、このへんのところが、まだ歴史的に十分検証できていないんじゃないかと思いますね。

だから、アメリカは謀略によって、情報戦において、間違えた判断をした部分はあるというふうに考えます。

まあ、このへんのところを、今、巻き返すために安倍政権も進めてるとは思います。つまり、「〝英語使い〟を減らすと、やっぱり理解は得られなくなる」ということです。

今、中国のほうが、英語に力を入れて、留学生も増やして、英語が使えるような人を増やしています。韓国もそうですよね。それに対して、日本のほうは、ちょっと後れをとっているような状況にあると思います。

やはり、中国人で、アメリカを英語で煽動《せんどう》できる人たちもだいぶいたし、また、ソ連からのスパイもそうとう入っていて、対日戦の開戦に持ってくるようにそうとう指導をしていました。上手に指導していましたね。

「世界恐慌」を乗り切るために戦争を欲していた

まあ、そのへんが、政権のほうも不況脱出……、彼らがつくった不況ではあるんだけども、うーん、世界大恐慌をアメリカが起こしておいて、世界戦争の引き金を引いているというわけで、彼らにも、まあ、その意味で罪がないわけではないと思うんです。その世界恐慌を克服するために戦争を欲していた。

まあ、当時は民主党政権であったと思うんだけども、世界恐慌を克服するために、世界戦争を欲していたのは事実ですね。

その世界戦争を欲していたがために、その共産党系のスパイたちのそそのかしや、煽動の影響を一部受けたし、一部それを逆利用したところもあって、戦争に入り込んで、彼らにとって合理性の高いと思うところを叩いたというのが真相だと思うのです。

まあ、彼らの戦争への踏み切りは、神の正義……、うーん、彼ら的に考える正義もあったのかもしれないけれども、一部は、経済的に自分たちが、やっぱり恐慌を乗り切るためにやった戦争であったことも事実ですね。

11　日蓮聖人の隠された「転生」とは

過去世で「日本神道」に関係があった？

綾織　もし教えていただければと思いますが、今日お話をお伺いしていますと、日本神道の神様のような印象も受けました。もちろん、仏教的なお話も頂いたのですけれども、過去に日本の神様というか、日本での経験というのも、かなりあられる方と理解してよろしいのでしょうか。

日蓮　まあ、「人には転生輪廻がある」という考えから言えば、いろんな転生は、ありえるかもしれませんね。
　ありえるかもしれませんが、まあ、日蓮は日蓮ですからねえ。

綾織　そうですか。はい。

日蓮　そのイメージが大きく崩れるようなことは避けたいとは思っておりますがねえ。

綾織　何か、イメージを崩さない範囲で教えていただけるようなところはないでしょうか（会場笑）。

日蓮　まあ、日本の宗教家として理解されている者のなかでは、私がいちばん戦闘的でしょうね（笑）。戦闘的宗教家であることは間違いないでしょう。

ほかの宗教家では、確かに、まあ、一向宗なんかも、戦闘はしましたけどもね。だけど、どちらかといえば、「受身的な勢力が強くなりすぎたので、戦国武将に狙われて、抵抗して戦った」というようなことであろうとは思います。浄土真宗系は、教義において、そんなに戦闘性はないとは思うんですけどもね。そういう人が出ていたんでしょうけども。

まあ、「（日蓮宗には）教義において戦闘性があった」という意味ではあって、日蓮宗を学ぶと、古代ユダヤ教の預言者に、あまりに似た感じを受けるというか……。その意味で、欧米人から見れば、非常に分かりやすい面もあるんですよね。

彼らが信じている神や預言者っていうのは、日蓮的なものが多いんですよ。だから、「丸く、調和して、平和になる」という考え方の神様は、わりに少ないんですよね。

けっこう、そういうところがあるので、「日本神道であるとすれば、やや、軍神的なものに関係があるかもしれない」ということですし、それ以外の転生もあるかもしれませんが、まあ、イメージが大事なのでね（笑）。

日蓮宗も、日本に起きた珍しい一神教といえば一神教的な宗教運動でありますから、あんまり、そのイメージを崩したくはないので……。

あなたがたも、少し別なかたちでの、包摂《ほうせつ》的な、包含《ほうがん》的な宗教を説いているとは思いますが、「縁は深い」というふうに思っていただいてもいいかとは思っています。

綾織　はい。ありがとうございます。

日蓮　日本神道の中心神は、「調和」を中心とした考え方を持っておりますけれども、補完関係にある部分もあるかなというふうには考えております。

日本神道には、軍神系が神様になっているものも、そうとうございます。「調和型の神様」が主宰神であられますけれども、「軍神系の神様」っていうのは、昔からずっと連綿と続いているので、数としては、かなり多い。

「古代ユダヤ教の預言者」とも関係がある？

日蓮　また、古代のユダヤ教なんかに出てきた預言者たちも、そういう、軍神も兼ねたような預言者が多い。

要するに、「戦争」「戦」と「神の言葉を伝えること」を、同じ一人の人が体現しているようなことが非常に多かったと思うし、キリストは、少し違うかもしれませんが、「キリスト教」の流れのなかでは、やはり、「戦」と「布教」とを一緒にしたような人がたくさん出てきておりますので、古代の預言者たちも、たぶん、そういうふうなかたちで、いっぱい出てきているのではないかと思いますね。
　まあ、いちおう、日蓮としてのイメージは守らなければならないので、あんまり多言することはできませんけれども、そうした「日本神道の軍神的な部分とは関係があった」ということと、ユニバーサルな面では、「古代ユダヤ教的な預言者の歴史と関係がある」ということが言えると思います。

綾織　はい。ありがとうございます。
　本日は、「戦争と平和」というテーマで、たいへん意義深いお話を頂き、ありがとうございました。

今後とも、幸福の科学、あるいは、日本のご指導をよろしくお願いいたします。

日蓮　はい。まあ、とにかく「戦争か、平和か」という二者択一の問題ではなくて、「神のご計画に沿っているか、沿っていないかという判断なのだ」ということを知っていただきたいと思います。

一同　ありがとうございました。

12　日蓮聖人の霊言を終えて

大川隆法　ありがとうございました。

（質問者の追及の）厳しいところを〝凌《しの》いだ〟ような感じでしたね。何か出てきそうな雰囲気で、もう少しではあったのですが。とりあえず、日蓮宗系の人たちを説得しなければいけない部分があったのでしょうから、このあたりでよいのではないかと思います。

おそらく、「そうとうな部分で、いろいろと関係がある方なのではないか」と感じられるのですが、確かに、日本神道、それから、古代からの流れのなかでは、ユダヤの神様の教えに基づく、国を守る思想に、かなり近いものはあるのではないでしょうか。

綾織　はい。

大川隆法　そのため、必ずしも、「ただただ平和を説いている」とは限らないと思います。やはり、どうしても、両面があるでしょう。

悪魔の勢力というか、地獄の勢力もあることはあるので、それに対しては、やはり、天使団のなかで、戦う役割を持っている人もいます。

「悪魔の発生原因は何か」というと、地上において政治家や宗教家、あるいは軍人として邪悪なるもののほうに、くみして勢力を広げた人たちが、〝地上における活躍〟をして、悪魔、サタンになっているわけですから、それに対抗する部分は必ず存在すると見てよいと思います。

以上、今日は、「この世限りの、人間が決めたものや考えたものが全部だと思うなよ」という意味で、霊的な意味をも含めた指針を受けたと理解しています。

では、ありがとうございました（手を一回叩く）。

あとがき

世界各地に興《おこ》った諸宗教をみても、「戦争と平和」は大きなテーマである。特に戦後、占領軍に新憲法を押しつけられ、自国に対する誇りや、他国への積極的愛の行動に目を閉ざす日本にあっては、マスコミ主導の憲法改正論や教育論は、長らく中国や朝鮮半島に思想的に隷属《れいぞく》し、「自虐史観《じぎゃくしかん》」を奉《ほう》ずることが「平和の維持《いじ》」なのだという現実として形づくられてきた。

今、日本は大東亜《だいとうあ》戦争と、戦後の歴史を総括《そうかつ》し、再出発すべき地点に立ちつくしている。天上界の総意《そうい》は、仏国土《ぶっこくど》日本を護《まも》り、他のアジア諸国への帝国主義的侵略を目指している無神論・唯物論《ゆいぶつろん》の国家に対して、毅然《きぜん》として対処せよ、ということである。

私たちは五年前から政治運動を明確化してきた。外交的予見はことごとく的中している。今は、安倍政権を後押しし、防衛体制を確立すべき時だと考える。

二〇一四年　五月三十日

幸福《こうふく》の科学《かがく》グループ創始者兼総裁《そうししゃけんそうさい》　大川隆法《おおかわりゅうほう》

『日蓮聖人「戦争と平和」を語る』大川隆法著作関連書籍

『太陽の法』（幸福の科学出版刊）
『自由の革命』（同右）
『「現行日本国憲法」をどう考えるべきか』（同右）
『日蓮が語る現代の「立正安国論」』（同右）
『「河野談話」「村山談話」を斬る！』（同右）
『フビライ・ハーンの霊言』（同右）
『日本よ、国家たれ！　元台湾総統 李登輝守護霊 魂のメッセージ』（同右）

※左記は書店では取り扱っておりません。最寄りの精舎・支部・拠点までお問い合わせください。
『日蓮の政治霊言』

日蓮聖人《にちれんしょうにん》「戦争《せんそう》と平和《へいわ》」を語《かた》る
──集団的自衛権と日本の未来──

2014年5月31日　初版第1刷

著　者　　大川隆法《おおかわりゅうほう》

発行所　　幸福の科学出版株式会社
〒107-0052 東京都港区赤坂2丁目10番14号
TEL(03)5573-7700
http://www.irhpress.co.jp/

印刷・製本　株式会社 東京研文社

落丁・乱丁本はおとりかえいたします

ISBN978-4-86395-479-3 C0030
写真：アフロ　U.S. Navy/アフロ

大川隆法霊言シリーズ・安倍政権のあり方を問う

安倍新総理 スピリチュアル・インタビュー

復活総理の勇気と覚悟を問う

自民党政権に、日本を守り抜く覚悟はあるか!? 衆院選翌日、マスコミや国民がもっとも知りたい新総理の本心を問う、安倍氏守護霊インタビュー。

【幸福実現党刊】

1,400円

吉田松陰は 安倍政権をどう見ているか

靖国参拝の見送り、消費税の増税決定――めざすはポピュリズムによる長期政権? 安倍総理よ、志や信念がなければ、国難は乗り越えられない!

【幸福実現党刊】

1,400円

安倍昭恵首相夫人の 守護霊トーク「家庭内野党」の ホンネ、語ります。

「原発」「ＴＰＰ」「対中・対韓政策」など、夫の政策に反対の発言をする型破りなファーストレディ、アッキー。その意外な本心を守護霊が明かす。

1,400円

※表示価格は本体価格(税別)です。

大川隆法 ベストセラーズ・「幸福の科学大学」が目指すもの

新しき大学の理念

「幸福の科学大学」がめざす
ニュー・フロンティア

2015 年、開学予定の「幸福の科学大学」。日本の大学教育に新風を吹き込む「新時代の教育理念」とは？ 創立者・大川隆法が、そのビジョンを語る。

1,400 円

「経営成功学」とは何か

百戦百勝の新しい経営学

経営者を育てない日本の経営学!? アメリカをダメにした MBA――!? 幸福の科学大学の「経営成功学」に託された経営哲学のニュー・フロンティアとは。

1,500 円

「人間幸福学」とは何か

人類の幸福を探究する新学問

「人間の幸福」という観点から、あらゆる学問を再検証し、再構築する――。数千年の未来に向けて開かれていく学問の源流がここにある。

1,500 円

「未来産業学」とは何か

未来文明の源流を創造する

新しい産業への挑戦――「ありえない」を、「ありうる」に変える！ 未来文明の源流となる分野を研究し、人類の進化とユートピア建設を目指す。

1,500 円

大川隆法 霊言シリーズ・最新刊

自由の革命

日本の国家戦略と世界情勢のゆくえ

「集団的自衛権」は是か非か!? 混迷する国際社会と予断を許さないアジア情勢。今、日本がとるべき国家戦略を緊急提言!

1,500円

フビライ・ハーンの霊言

世界帝国・集団的自衛権・憲法９条を問う

日本の占領は、もう終わっている?
チンギス・ハーンの後を継ぎ、元朝を築いた初代皇帝フビライ・ハーンが語る「戦慄の世界征服計画」とは!

1,400円

広開土王の霊言
朝鮮半島の危機と未来について

朝鮮半島最大の英雄が降臨し、東アジアの平和のために、緊急提言。朝鮮半島が侵略され続けてきた理由、そして、日韓が進むべき未来とは。

1,400円

※表示価格は本体価格(税別)です。

大川隆法 霊言シリーズ・**最新刊**

ダークサイド・ムーンの遠隔透視

月の裏側に隠された秘密に迫る

特別装丁
函入り

地球からは見えない「月の裏側」には何が存在するのか？ アポロ計画中止の理由や、2013年のロシアの隕石落下事件の真相など、驚愕の真実が明らかに！

10,000円

スピリチュアル・メッセージ 曽野綾子という生き方

辛口の言論で知られる保守系クリスチャン作家・曽野綾子氏。歴史認識問題から、現代女性の生き方、自身の信仰観までを、守護霊が本音で語る。

1,400円

「失楽園」のその後

痴の虚人 渡辺淳一直伝

『失楽園』『愛の流刑地』など、男女の性愛を描いた小説家・渡辺淳一は、あの世でどんな世界に還ったのか。死後11日目の衝撃のインタビュー。

1,400円

幸福の科学グループのご案内

宗教、教育、政治、出版などの活動を通じて、地球的ユートピアの実現を目指しています。

宗教法人　幸福の科学

一九八六年に立宗。一九九一年に宗教法人格を取得。信仰の対象は、地球系霊団の最高大霊、主エル・カンターレ。世界百カ国以上の国々に信者を持ち、全人類救済という尊い使命のもと、信者は、「愛」と「悟り」と「ユートピア建設」の教えの実践、伝道に励んでいます。

（二〇一四年五月現在）

愛

幸福の科学の「愛」とは、与える愛です。これは、仏教の慈悲《じひ》や布施《ふせ》の精神と同じことです。信者は、仏法真理をお伝えすることを通して、多くの方に幸福な人生を送っていただくための活動に励んでいます。

悟り

「悟り」とは、自らが仏の子であることを知るということです。教学《きょうがく》や精神統一によって心を磨き、智慧《ちえ》を得て悩みを解決すると共に、天使・菩薩《ぼさつ》の境地を目指し、より多くの人を救える力を身につけていきます。

ユートピア建設

私たち人間は、地上に理想世界を建設するという尊い使命を持って生まれてきています。社会の悪を押しとどめ、善を推し進めるために、信者はさまざまな活動に積極的に参加しています。

国内外の世界で貧困や災害、心の病で苦しんでいる人々に対しては、現地メンバーや支援団体と連携して、物心両面にわたり、あらゆる手段で手を差し伸べています。

年間約３万人の自殺者を減らすため、全国各地で街頭キャンペーンを展開しています。

公式サイト **www.withyou-hs.net**

ヘレン・ケラーを理想として活動する、ハンディキャップを持つ方とボランティアの会です。視聴覚障害者、肢体不自由な方々に仏法真理を学んでいただくための、さまざまなサポートをしています。

公式サイト **www.helen-hs.net**

教育

学校法人 幸福の科学学園

学校法人 幸福の科学学園は、幸福の科学の教育理念のもとにつくられた教育機関です。人間にとって最も大切な宗教教育の導入を通じて精神性を高めながら、ユートピア建設に貢献する人材輩出を目指しています。

幸福の科学学園

中学校・高等学校（那須本校）
2010年4月開校・栃木県那須郡（男女共学・全寮制）
TEL **0287-75-7777**
公式サイト **happy-science.ac.jp**

関西中学校・高等学校（関西校）
2013年4月開校・滋賀県大津市（男女共学・寮及び通学）
TEL **077-573-7774**
公式サイト **kansai.happy-science.ac.jp**

幸福の科学大学（仮称・設置認可申請中）
2015年開学予定
TEL **03-6277-7248**（幸福の科学 大学準備室）
公式サイト **university.happy-science.jp**

仏法真理塾「サクセスNo.1」 TEL **03-5750-0747**（東京本校）
小・中・高校生が、信仰教育を基礎にしながら、「勉強も『心の修行』」と考えて学んでいます。

不登校児支援スクール「ネバー・マインド」 TEL **03-5750-1741**
心の面からのアプローチを重視して、不登校の子供たちを支援しています。
また、障害児支援の**「ユー・アー・エンゼル!」**運動も行っています。

エンゼルプランV TEL **03-5750-0757**
幼少時からの心の教育を大切にして、信仰をベースにした幼児教育を行っています。

シニア・プラン21 TEL **03-6384-0778**
希望に満ちた生涯現役人生のために、年齢を問わず、多くの方が学んでいます。

NPO 活動支援

学校からのいじめ追放を目指し、さまざまな社会提言をしています。また、各地でのシンポジウムや学校への啓発ポスター掲示等に取り組むNPO「いじめから子供を守ろう！ネットワーク」を支援しています。

ブログ **mamoro.blog86.fc2.com**
公式サイト **mamoro.org**
相談窓口 **TEL.03-5719-2170**

政治

幸福実現党

内《ない》憂《ゆう》外《がい》患《かん》の国難に立ち向かうべく、二〇〇九年五月に幸福実現党を立党しました。創立者である大川隆法党総裁の精神的指導のもと、宗教だけでは解決できない問題に取り組み、幸福を具体化するための力になっています。

党員の機関紙
「幸福実現NEWS」

TEL 03-6441-0754
公式サイト hr-party.jp

出版メディア事業

幸福の科学出版

大川隆法総裁の仏法真理の書を中心に、ビジネス、自己啓発、小説など、さまざまなジャンルの書籍・雑誌を出版しています。他にも、映画事業、文学・学術発展のための振興事業、テレビ・ラジオ番組の提供など、幸福の科学文化を広げる事業を行っています。

アー・ユー・ハッピー？
are-you-happy.com

ザ・リバティ
the-liberty.com

幸福の科学出版
TEL 03-5573-7700
公式サイト irhpress.co.jp

THE FACT

ザ・ファクト
マスコミが報道しない
「事実」を世界に伝える
ネット・オピニオン番組

Youtubeにて
随時好評配信中！

ザ・ファクト　検索

入会のご案内

あなたも、幸福の科学に集い、
ほんとうの幸福を
見つけてみませんか？

幸福の科学では、大川隆法総裁が説く仏法真理をもとに、「どうすれば幸福になれるのか、また、他の人を幸福にできるのか」を学び、実践しています。

入会

大川隆法総裁の教えを信じ、学ぼうとする方なら、どなたでも入会できます。入会された方には、『入会版「正心法語」』が授与されます。（入会の奉納は1,000円目安です）

ネットでも**入会**できます。詳しくは、下記URLへ。
happy-science.jp/joinus

三帰《さんき》誓願《せいがん》

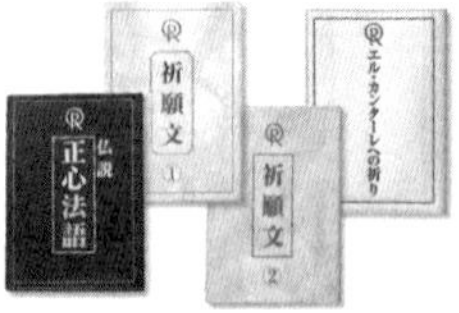

仏弟子としてさらに信仰を深めたい方は、仏・法・僧の三宝への帰依を誓う「三帰誓願式」を受けることができます。三帰誓願者には、『仏説・正心法語』『祈願文①』『祈願文②』『エル・カンターレへの祈り』が授与されます。

植福《しょくふく》の会

植福は、ユートピア建設のために、自分の富を差し出す尊い布施の行為です。布施の機会として、毎月1口1,000円からお申込みいただける、「植福の会」がございます。

「植福の会」に参加された方のうちご希望の方には、幸福の科学の小冊子（毎月1回）をお送りいたします。詳しくは、下記の電話番号までお問い合わせください。

月刊「幸福の科学」

ザ・伝道

ヤング・ブッダ

ヘルメス・エンゼルズ

INFORMATION
幸福の科学サービスセンター
TEL. **03-5793-1727**（受付時間 火〜金：10〜20時／土・日：10〜18時）
宗教法人 幸福の科学 公式サイト **happy-science.jp**